MÉLOGRAPHIE.

Paris. — Typographie de Firmin Didot frères, rue Jacob, 56.

MÉLOGRAPHIE

OU

NOUVELLE NOTATION MUSICALE

PAR

JUAN-NEPOMUCENO ADORNO

PARIS
LIBRAIRIE DE FIRMIN DIDOT FRÈRES
IMPRIMEURS DE L'INSTITUT DE FRANCE
RUE JACOB, 56

1855

INTRODUCTION.

L'étude du forté-piano est devenue tellement générale, qu'on voit souvent des artistes de premier ordre passer leur vie à vaincre les difficultés que dans la musique moderne présente cet instrument; l'émulation que leur talent fait naître dans la société porte un grand nombre de personnes à l'étude du piano, et il en résulte quelquefois de graves inconvénients. Ainsi, beaucoup de jeunes personnes négligent les autres branches de leur éducation, dans le but d'exceller un jour dans la musique, et font souvent des efforts infructueux; mais, quand elles sont parvenues à vaincre plus ou moins les difficultés de cet art, il arrive presque toujours que, devenues mères de famille, elles abandonnent leur étude favorite du piano; et elles manquent ainsi d'autres connaissances plus sérieuses, plus utiles, sans qu'elles puissent même transmettre à leurs enfants celle de la musique, pour laquelle elles avaient fait tant de sacrifices, et à laquelle elles avaient consacré, sans en recueillir aucun fruit, tant de patience, de frais et de travail.

C'est pourquoi, et dans la persuasion que simplifier l'étude de la musique est une œuvre vraiment utile, j'ai entrepris cet ouvrage, que je consacre au beau sexe, et particulièrement à la jeunesse de ma chère patrie, le Mexique. Je suis convaincu que la Mélographie non-seulement facilitera l'étude de la musique aux élèves qui se trouvent sous la direction de leurs maîtres, mais encore qu'elle mettra cet art délicieux à la portée des plus humbles classes de la société, qui jusqu'à ce jour n'ont pu supporter les frais d'une éducation musicale.

Si mes efforts ont pour résultat la plus grande généralisation de la musique avec la moindre somme de travail et de dépense, tous mes désirs à ce sujet seront remplis.

PRÉLIMINAIRES.

Le sens de l'ouïe a été donné à l'homme par la Providence, non-seulement afin qu'il pourvoie à sa propre conservation, mais encore pour son instruction et son plaisir. Quand nous remarquons que sans l'ouïe les hommes ne pourraient se communiquer leurs besoins ni leurs connaissances, nous voyons l'immense importance de ce sens admirable. Mais si nous ajoutons aux intérêts vitaux et sociaux les délicieuses sensations que nous procure la musique, nous remarquons que la faculté d'entendre est tellement précieuse, qu'avec raison beaucoup la préfèrent à la faculté de voir; car indubitablement le sourd-muet est plus disgracié que l'aveugle de naissance.

Mais en quoi consiste le sens de l'ouïe, et quelles sont les causes qui produisent la sensation du son? C'est là une question que je tâche de résoudre dans un ouvrage philosophique dont les détails, considérablement étendus, ne peuvent être exposés dans le présent traité; il me suffira seulement d'indiquer que le nerf acoustique, par une série d'organes merveilleux et délicats, est affecté par les mouvements du fluide au milieu duquel nous vivons. Mais le nerf acoustique est aussi un organe qui transmet à son tour ses sensations à un autre organe, le cerveau, dans lequel l'âme perçoit, compare et apprécie les sons.

De cette comparaison résultent des sons divisés en diverses classes ; dans ce traité nous examinerons seulement trois d'entre elles, savoir : les sons inharmoniques, les sons harmoniques et les dissonances.

Les premiers sont ceux que produit le mouvement soudain qu'une force quelconque communique au fluide dont nous venons de parler ; et celui-ci, par son action subite dans l'organe de l'ouïe, le frappe, et très-souvent non-seulement lui fait éprouver une sensation douloureuse, mais quelquefois le détruit. Les sons harmonieux sont les mouvements de ce fluide qui se succèdent doucement et par degrés, en produisant des ondes ou vibrations mesurées. Ainsi le son d'une cloche nous est extrêmement désagréable quand nous sommes près d'elle ; mais, s'il nous est permis d'écouter ses vibrations à une certaine distance, nous les trouvons douces et harmonieuses.

L'écho, ou la répercussion du son, est une autre cause qui produit quelquefois des sensations agréables. Le fracas du canon et celui de la tempête, près de nous, sont excessivement pénibles ; mais nous les trouvons agréables dans une salve d'artillerie ou dans une tempête lointaine, quand les échos les reproduisent et les prolongent doucement.

Mais quel est ce milieu dont les vibrations et le mouvement produisent les sons ? Le lecteur trouvera ces questions résolues dans l'ouvrage que nous venons de mentionner. Pour le moment, nous nous bornerons à dire que jusqu'ici on avait cru que les vibrations de l'air étaient la cause du son ; mais une longue série d'observations et d'expériences m'a convaincu (ce que j'espère démontrer) que non-seulement l'air ne produit pas le son, mais qu'il en est un très-mauvais conducteur, comme il est également très-mauvais conducteur du calorique. La matière pondérable est indispensable pour conduire le son, mais elle ne le produit pas.

Le milieu dans lequel nous vivons, et que dans mon ouvrage j'appelle *harmonium*, est un fluide impondérable qui renferme non-seulement les corps solides et liquides, mais encore les corps gazeux, et par conséquent l'atmosphère. L'*harmonium* est en mouvement perpétuel selon les forces et les harmonies géométriques dont je parlerai dans l'ouvrage susdésigné. Ces mouvements produisent des séries harmoniques qui, en même temps qu'elles sont susceptibles d'une infinie variété, reproduisent leurs harmonies, depuis l'immense étendue de l'univers physique jusqu'à la petitesse impalpable d'un élément matériel. De cette manière, une force donnée peut mettre en mouvement une quantité plus ou moins grande d'*harmonium*, selon son intensité, et par conséquent faisant percevoir un son grave ou aigu. Mais si le mouvement résulte des ondulations de l'*harmonium* pour reprendre son équilibre, il produit alors, dans certains instruments, des vibrations dont la sonorité est agréable à l'oreille.

Ces vibrations ne sont ni fortuites ni capricieuses, mais le résultat des séries géométriques dont j'ai déjà parlé. Ainsi, quand il se produit deux ou plusieurs mouvements commensurables entre eux, selon les séries en étendue du fluide impondérable, il en résulte des vibrations qui non-seulement favorisent ce mouvement, mais encore donnent lieu à leur mouvement mutuel : et voilà la cause des sons harmoniques. Mais on peut produire des vibrations qui, au lieu de favoriser ce mouvement mutuel, lui sont contraires, se repoussent elles-mêmes ; et, dans ce cas, il en résulte des sons discords que nous appelons *dissonances*.

Ayant ainsi établi les principes physiques des sons musicaux, il est nécessaire d'avertir que les séries géométriques qui les produisent sont sous-divisibles et harmonieuses à l'infini. Ainsi, la musique, à l'avenir, dirigée par la science, aura des sons et des effets d'une beauté et d'une variété dont on ne peut aujourd'hui se faire une idée. Mais, comme la musique a fait des progrès selon le résultat empirique des expériences, de même elle s'est enrichie peu à peu dans ses séries harmoniques, à l'aide d'instruments qui les rendent sensibles.

Ces instruments ont varié selon la civilisation : un des plus anciens fut la lyre à quatre cordes, qui représentait l'harmonie de première, tierce, quinte et octave. Avec cet instrument les anciens poëtes accompagnaient leurs chants et leurs inspirations, ce qui a donné naissance au récitatif et au plain-chant. Un instrument du même genre, mais plus compliqué et plus étendu que la lyre, ce fut la harpe, qui, divisée en séries de sept cordes, produisit la gamme diatonique, et avec elle des intervalles harmonieux. Mais on remarqua que les intervalles contenus entre le troisième et le quatrième son, et entre le septième et le huitième, sont plus petits que les intervalles contenus entre les autres sons de l'échelle diatonique ; et, en plaçant entre le premier son et le second, le second et le troisième, le quatrième et le cinquième, le cinquième et le sixième, le sixième et le septième, cinq autres sons intermédiaires, on a obtenu douze sons également divisés entre eux, qu'on a nommés la gamme chromatique. Cette gamme avait été pendant longtemps l'échelle musicale la plus perfectionnée ; mais les maîtres de l'art ont remarqué que les sons intermédiaires en montant sont plus rapprochés des sons qui suivent : ces sons intermédiaires ont été appelés *dièses;* et au contraire, qu'en descendant ils sont plus rapprochés des sons plus bas, et on leur a donné le nom de *bémols*.

Cette nouvelle théorie a créé une difficulté assez sérieuse pour certains instruments, pour qui la musique écrite représente des notes qu'il ne leur est pas possible d'exécuter. Par exemple, le piano a des touches intermédiaires applicables à la fois aux sons diésés et aux sons bémolisés, et qui ne reproduisent exactement ni les uns ni les autres. Il en est résulté cette division en instruments qu'on appelle tempérés, et en instruments parfaits. Les instruments tempérés sont ceux qui, comme le piano, la guitare, etc., n'ont pas le pouvoir de faire apprécier la différence des dièses et des bémols ; et les instruments parfaits sont ceux qui, comme le violon, etc., à l'imitation de la voix humaine, sont capables de faire entendre les dièses et les bémols, et non-seulement la gamme chromatique, mais encore toutes les harmonies géométriques dont il sera question dans la suite.

Néanmoins le piano pourrait être accordé de façon à reproduire d'une manière rigoureuse ces notes naturelles et intermédiaires, par l'application de la loi géométrique dont je parlerai plus loin, et, dans ce cas, il deviendrait un instrument parfaitement juste.

De même, pour obtenir un système de musique simple et plus facile, que j'appelle *Mélographie*, j'ai substitué à la portée musicale ordinaire, une autre portée, qui est la représentation même du piano, et que j'appelle *portée mélographique*, parce qu'avec elle on peut écrire les sons sans avoir besoin de les nommer particulièrement, et représenter les dièses et les bémols par des signes applicables à toute espèce d'instruments, et principalement au piano lui-même.

Il est bien entendu qu'une même note peut être, par exemple, le substitut du *sol*, comme dièse, et le substitut du *la*, comme bémol. Mais comme, pour le piano, il n'est pas nécessaire de signaler ces différences, il suffit de la représentation graphique du son, et il en résulte une grande simplicité pour la lecture musicale; car du même coup on fait disparaître toutes les clefs, et avec elles la difficulté de se rappeler, non-seulement les notes qui doivent être constamment diésées ou bémolisées, selon le ton dans lequel on joue, mais encore les accidents qui peuvent survenir dans le développement de la mélodie.

La mélographie par elle-même suffira pour le piano. Les savants en musique trouveront que, par suite des règles expliquées dans cette méthode, on arrivera à connaître tous les accidents des dièses et des bémols, et encore d'autres harmonies plus délicates jusqu'à ce jour inconnues; et l'on verra aussi qu'il est possible d'utiliser la Mélographie, non-seulement pour la musique de tous les instruments, mais encore pour la voix et pour les partitions les plus compliquées.

Pour écrire un morceau de musique quelconque, on doit remplir les sept conditions suivantes. Il faut exprimer :

1° La série à laquelle appartient chaque son;

2° Quel est le son individuel de la série qui doit être produit;

3° Combien de temps devra durer chaque son par rapport aux autres sons;

4° Si le son doit se faire entendre seul, ou simultanément avec d'autres sons;

5° S'il doit être détaché ou lié avec d'autres;

6° S'il doit être simple ou accompagné d'ornements;

7° S'il doit être fort ou doux, enflé ou diminué.

Pour remplir toutes ces conditions, et en simplifiant à la fois l'écriture de la musique, j'ai imaginé une doctrine renfermant cette méthode, laquelle est divisée en deux parties : la première, que j'appelle *relative*, et qui conserve la plupart des moyens de la musique usuelle; et l'autre, que je nomme *absolue*, parce qu'avec elle on rejette et l'on remplace un grand nombre de ces moyens.

Il suffira de la première partie pour jouer du piano; la seconde sera plus utile pour l'impression de la musique et pour l'usage d'autres appareils musicaux que j'ai inventés, et que je ferai connaître.

De cette manière, je tâcherai de développer la théorie mélographique selon des règles tout à fait rigoureuses.

THÉORIE MÉLOGRAPHIQUE.

Tous les sons dont s'est enrichi jusqu'à ce jour l'art de la musique sont contenus dans une série graduée qu'on appelle *échelle chromatique*. Cette série peut être reproduite plus grave ou plus aiguë ; et l'ensemble de ces séries semblables se nomme l'étendue d'octaves d'un instrument ou de la voix humaine.

Le piano est l'instrument qui renferme le plus grand nombre d'octaves, et en même temps celui qui représente le mieux à la vue l'étendue et la qualité des sons.

Ces sons se divisent en sons naturels et en sons intermédiaires qu'on appelle *sons diésés* et *sons bémolisés*.

La gamme se divise en *diatonique* et *chromatique*. Les noms qu'on a donnés aux sons de la première, sont : *ut, ré, mi, fa, sol, la, si, ut*. La voix du professeur ou un instrument fera connaître la qualité et la différence graduelle de ces sons.

On a divisé la différence qu'il y a d'un son à l'autre en tons et demi-tons. D'après cette division, entre *ut, ré* et *mi*, et entre *sol, la* et *si*, il y a la différence d'un ton; et entre *mi* et *fa*, et entre *si* et *ut*, il y a la différence d'un demi-ton.

L'échelle chromatique a, en outre, d'autres sons intermédiaires entre les grands intervalles, et qu'on a appelés *dièses* et *bémols*. Ainsi, la gamme chromatique se compose des sons de la gamme diatonique qu'on a appelés *sons naturels*, et de plus des sons diésés ou bémolisés dont nous venons de parler.

Dans la Mélographie nous conservons ces mots, que l'usage a consacrés.

Au lieu de la portée de cinq lignes, dont on s'est servi jusqu'à ce jour pour l'écriture de la musique, nous adoptons un groupe de lignes verticales représentant fidèlement le clavier du piano.

La popularité de cet instrument nous dispense d'en faire une description détaillée; nous nous bornerons à représenter un clavier de piano dans la figure suivante :

On voit par cette figure que le piano se compose de six ou sept octaves qui forment ce qu'on appelle son *étendue*. Chaque octave se compose de touches blanches, représentant les sons diatoniques ou normaux, et de touches noires, figurant les sons diésés et bémolisés.

Pour offrir aux yeux une écriture facile, la Mélographie s'écrira sur une portée semblable à la figure suivante :

Dans cette figure, que les espaces représentent les sons naturels; les lignes, les sons diésés ou bémolisés; et il est facile de voir que ces espaces et ces lignes correspondent exactement à la forme du clavier. Les espaces de la portée mélographique se divisent, comme dans le piano, en doubles et simples : les espaces doubles sont ceux où l'on doit écrire le *fa* et le *mi*, et le *si* et l'*ut;* les espaces simples sont ceux où doivent être tracés le *ré*, le *sol* et le *la*. De cette manière, les points placés sur les lignes et les espaces indiquent les notes du clavier qu'il faut toucher.

PORTÉE MÉLOGRAPHIQUE.

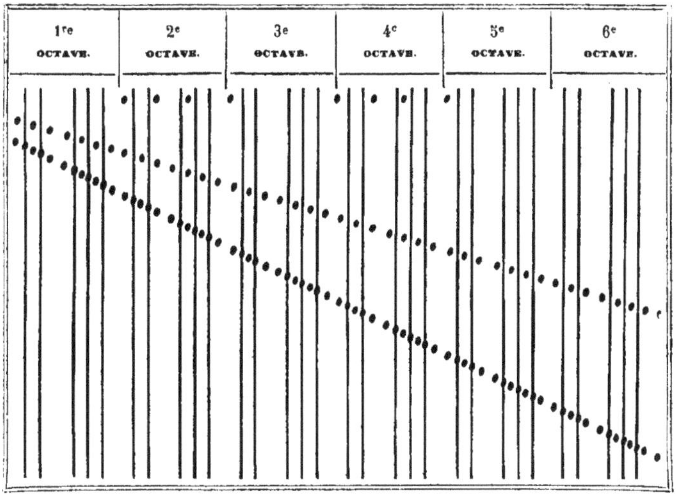

1re OCTAVE.	2e OCTAVE.	3e OCTAVE.	4e OCTAVE.	5e OCTAVE.	6e OCTAVE.

Dans le tableau qui précède, la première ligne de notes représente des sons disposés en accords;

La seconde ligne de notes figure l'échelle diatonique;

Et la suivante, l'échelle chromatique.

On voit par là que l'échelle diatonique s'écrit sur les espaces seulement, et que l'échelle chromatique s'écrit à la fois sur les espaces et sur les lignes.

Comme chaque son de ces échelles doit être produit isolé, et que la lecture de la mélographie se fait verticalement, chaque ligne horizontale ne représente que les sons simultanément produits. C'est pourquoi on lit les notes de ces échelles en descendant successivement. Les sons qui doivent être produits simultanément ou en accords seront écrits horizontalement comme *ut*, *mi*, *sol*, placés en tête de la figure.

La gamme une fois écrite, l'élève doit produire les sons qu'elle représente, en prononçant dans le chant les noms des divers sons de l'échelle diatonique ou chromatique, ce qui s'appelle *solfier*, ou, ce qui vaudrait mieux, en prononçant une seule voyelle sur chaque son, ce qui s'appelle *vocaliser*.

Quand on a chanté l'échelle diatonique, on a produit la gamme naturelle. Cette gamme peut être exprimée en la commençant par une quelconque de ses notes, ou bien pour une note de l'échelle chromatique ; mais, dans ce cas, il est nécessaire d'introduire des dièses et des bémols, selon le ton dans lequel la musique doit être exécutée.

Il y a dans la musique des signes qui déterminent la mesure ou les temps auxquels doit se rapporter la durée de chaque son. Ces signes sont écrits après la clef; mais, comme dans la Mélographie il n'y a pas de clef, nous les écrirons en tête du morceau. Ils sont accompagnés de marques qui déterminent le mode dans lequel le morceau est écrit, selon les figures ci-après, qui indiquent la manière de désigner tous les tons, majeurs ou mineurs :

NOTATION MÉLOGRAPHIQUE.

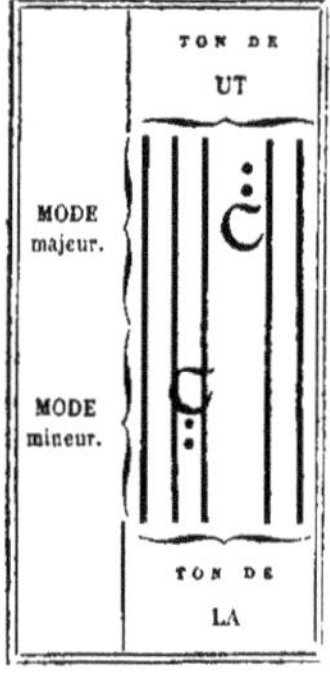

NOTATION MÉLOGRAPHIQUE.

(Suite.)

PROGRESSION PAR DIÈSES (QUINTES ASCENDANTES).

	1 # — TON DE SOL	2 # — TON DE RÉ	3 # — TON DE LA	4 # — TON DE MI	5 # — TON DE SI	6 # — TON DE FA #	7 # — TON DE UT #
MODE majeur.							
MODE mineur.							
	TON DE MI — 1 #	TON DE SI — 2 #	TON DE FA # — 3 #	TON DE UT # — 4 #	TON DE SOL # — 5 #	TON DE RÉ # — 6 #	TON DE LA # — 7 #

PROGRESSION PAR BÉMOLS (QUINTES DESCENDANTES).

	1 b — TON DE FA	2 b — TON DE SI b	3 b — TON DE MI b	4 b — TON DE LA b	5 b — TON DE RÉ b	6 b — TON DE SOL b	7 b — TON DE UT b
MODE majeur.							
MODE mineur.							
	TON DE RÉ — 1 b	TON DE SOL — 2 b	TON DE UT — 3 b	TON DE FA — 4 b	TON DE SI b — 5 b	TON DE MI b — 6 b	TON DE LA b — 7 b

Ces tableaux montrent que le ton d'*ut* et le ton relatif de *la* mineur n'ont ni dièse ni bémol; on y voit l'introduction successive des dièses et des bémols par quintes ascendantes et descendantes.

La manière d'écrire les dièzes et les bémols dans la musique ordinaire est celle-ci : ♯, ♭. Dans la notation mélographique, nous remplaçons ces signes, savoir : le signe du dièse par un accent circonflexe présentant son angle à droite (>), et le signe du bémol par un accent circonflexe présentant son angle à gauche (<), dans le but de rappeler aux élèves que le dièse se trouve un peu plus haut et le bémol un peu plus bas qu'un demi-ton. Cette règle expliquera pourquoi l'on trouve accidentellement diésés le *si* et le *mi*, et bémolisés l'*ut* et le *fa*. —Nous supprimons le signe du bécarre (♮) comme tout à fait inutile.

On verra de plus que, quand une note est placée sur une ligne, cette note est diésée si en tête du morceau l'on a placé l'indication du dièse, et que cette note est bémolisée, si l'on y trouve l'indication du bémol.

Dans la portée mélographique, qui représente exactement les touches du piano, on ne trouve que cinq lignes représentant les dièses et les bémols. Mais le ton de *fa* dièse et son relatif *ré* dièse mineur ont six dièses chacun, et le ton de *sol* bémol et son relatif *mi* bémol mineur ont *six* bémols chacun : c'est que dans le ton de *fa* dièse, le *mi* est diésé, de même que dans son relatif *ré* dièze mineur; et dans le ton de *sol* bémol, et dans son relatif *mi* bémol mineur, l'*ut* est bémolisé. De même dans le ton d'*ut* dièse et dans son relatif *la* dièse mineur, il y a *sept* dièses, parce que le *mi* et le *si* sont diésés; et dans le ton d'*ut* bémol et dans son relatif *la* bémol mineur, il y a *sept* bémols parce que l'*ut* et le *fa* sont bémolisés. Cette règle doit toujours être présente à l'esprit des élèves.

Ainsi donc, quand une note se trouvera placée sur une ligne, elle sera ou diésée ou bémolisée, selon qu'en tête du morceau on aura placé l'indication du dièse ou du bémol. Quand il arrivera des dièses ou des bémols accidentels, on mettra à côté de la note la marque > (dièse) ou la marque < (bémol).

Si tous les sons devaient avoir une égale durée, une seule note suffirait pour les exprimer; mais comme dans les sons d'une composition musicale il y a une grande variété de durée, il faut avoir recours à des signes différents.

Dans la musique actuelle, ces divers signes ou notes sont au nombre de sept, dont la forme et la valeur sont indiqués dans le tableau suivant :

La note de la première ligne de ce tableau s'appelle une ronde; les notes de la seconde ligne sont des blanches; les notes de la troisième, des croches; les notes de la quatrième, des doubles croches; les notes de la cinquième, des triples croches; et enfin, les notes de la cinquième, des quadruples croches.

D'après le système mélographique, nous avons deux réformes à opérer dans l'écriture de la musique : la première de ces réformes, nous l'appelons *relative*, et la seconde, *absolue*. Dans la réforme absolue, qui est exposée dans un ouvrage spécial, nous n'adoptons pas la forme des notes du tableau précédent; dans le système relatif, qui fait l'objet de ce traité, nous conservons la forme de ces notes, ainsi que la valeur de leur durée.

Du moment qu'il y a des notes différentes pour exprimer les différentes durées, il est nécessaire d'avoir d'autres signes représentant une durée constante, et ayant un rapport différentiel entre les notes.

L'ensemble d'un certain nombre de temps égaux s'appelle mesure. Ces temps sont ou binaires, ou ternaires, ou quaternaires. Les temps se marquent avec la main ou d'une manière quelconque. Dans la mesure à deux temps, on fait deux mouvements égaux répétés jusqu'à la fin du morceau, ou jusqu'à ce que la mesure change. La mesure à trois temps et la mesure à quatre temps suivent la même règle pour trois ou pour quatre mouvements.

Voici, pour les différentes mesures, le système du Conservatoire de Paris :

DIVISION BINAIRE.			DIVISION TERNAIRE.		
MESURES à 2 temps.	MESURES à 3 temps.	MESURES à 4 temps.	MESURES à 2 temps.	MESURES à 3 temps.	MESURES à 4 temps.
$\frac{2}{1}$	$\frac{3}{1}$	»	»	»	»
$\frac{2}{2}$	$\frac{3}{2}$	»	$\frac{6}{4}$	»	»
$\frac{2}{4}$	$\frac{3}{4}$	$\frac{4}{4}$	$\frac{6}{8}$	$\frac{9}{8}$	$\frac{12}{8}$
»	$\frac{3}{8}$	»	»	$\frac{9}{16}$	»

Ce système de mesures, quoique incomplet, est suffisant pour les progrès de la musique, parce qu'avec lui on peut exprimer toutes les différences de mouvement et de leurs durées, toujours dans leur rapport avec la mesure à quatre temps.

Nous venons de voir quels sont les signes représentant la durée des sons ; voyons maintenant ceux qui sont affectés aux silences. Voici ces signes dans leur rapport avec les notes :

Pour plus de commodité et de concision dans l'écriture de la musique, on a inventé d'autres signes, qu'on appelle *point*, *double point*, *triple point*, etc. Le point simple après une note ou un silence ajoute à sa durée la moitié de sa valeur; le second point en vaut plus que la moitié du premier, etc. Nous trouverons l'exemple de cette règle dans le tableau ci-joint :

POINTS.	SIGNES DES NOTES.	SIGNES DES SILENCES.	VALEUR DES NOTES	VALEUR DES SILENCES.
Simples				
Doubles				
Triples				
Quadruples . . .				

Il y a, en outre, des notes d'agrément, qui simplifient ou abrégent l'écriture musicale. Ces figures ou notes sont les suivantes : appoggiature, mordant, mordant entre deux notes, mordant en notes doubles, etc.; trille, cadence; trille lié avec la notre précédente. Exemples :

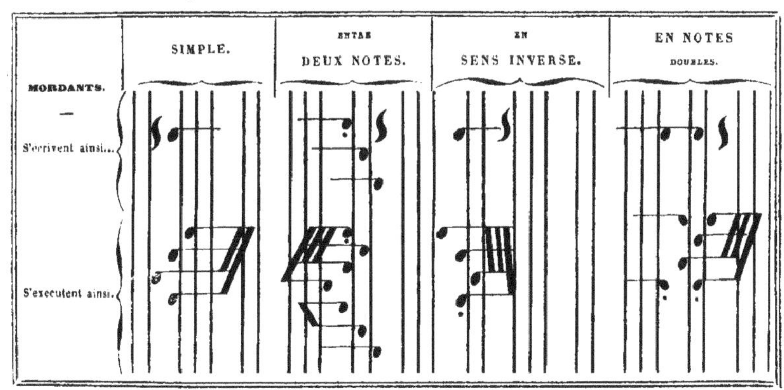

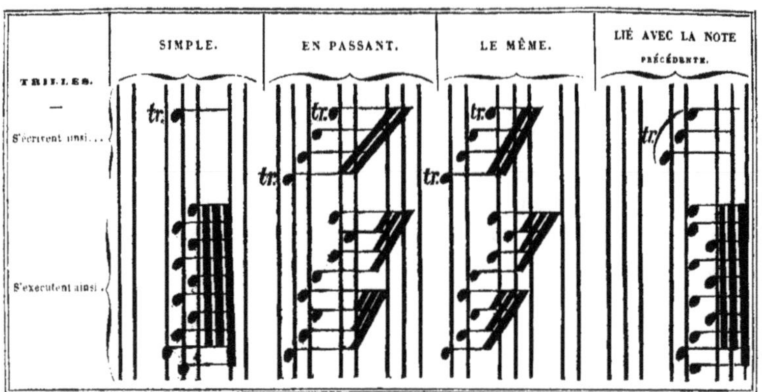

L'*appogiature* est une petite note qui précède une note ordinaire, et qui sert, selon l'intention du compositeur, à lui donner plus d'ornement et de variété. La durée de l'appoggiature est différente selon la composition; mais le plus souvent elle dure la moitié de la note ordinaire qui suit. Le tableau suivant donne divers exemples d'appoggiatures, ainsi que la manière de les exécuter :

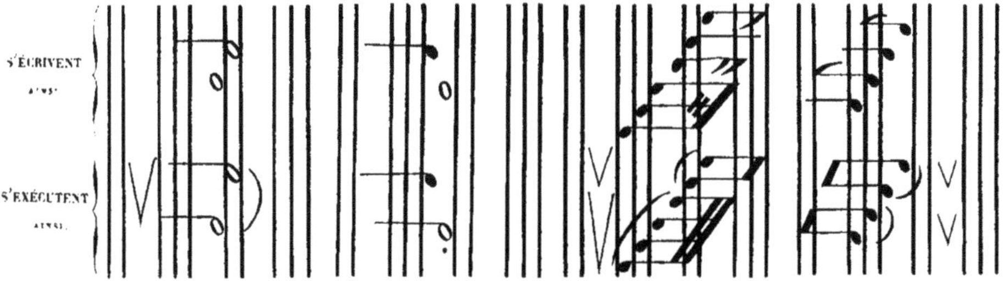

La *liaison* (en italien, *legato*) consiste en une ligne courbe qui unit deux ou plusieurs notes, en leur donnant la propriété de sons liés et continus. On l'écrit ainsi :

Le *détaché*, au contraire (en italien, *staccato*), est un point qui accompagne la note pour la faire entendre séparément des autres. Le *détaché* s'écrira ainsi :

Le *piano* et le *forte* s'indiquent avec un *p* ou un *f*; et le *pianissimo* et le *fortissimo*, avec deux *pp* et deux *ff*.

Le *crescendo* et le *diminuendo* sont exprimés par deux angles aigus : le premier commence par l'angle, et indique que la force du son doit aller en augmentant. Le second, au contraire, se termine par l'angle, et indique que la force du son va en diminuant. Le *crescendo* et le *diminuendo* se rapportent uniquement aux notes qui leur correspondent. Exemple :

Il y a aussi le *crescendo-diminuendo* et le *diminuendo-crescendo*. L'effet musical du premier est d'augmenter, puis de diminuer le son; le second produit un effet inverse.

Outre les signes dont nous venons de parler, il y en a d'autres pour abréger l'écriture musicale. Ce sont, le triolet, le point d'orgue, les barres, les barres avec point, et enfin les abréviations.

Le *triolet* consiste en un chiffre 3 que l'on met à côté de trois notes pour ne leur donner que la durée de deux.

Le *point d'orgue*, qui s'écrit de cette manière 𝄐, indique que la note doit avoir une plus grande durée, et quelquefois que le musicien ou le chanteur peut ajouter des notes de son goût et de son propre style.

Les *barres*, quand elles sont simples, sont employées pour séparer les mesures les unes des autres. La double barre indique que le morceau de musique est terminé. Les barres accompagnées de points indiquent qu'avant de continuer on doit répéter la partie du morceau qui se trouve avant les barres.

Le *da capo* (D. C.) indique qu'avant de finir le morceau on doit en répéter la première partie.

Le tableau suivant donne des exemples de diverses abréviations :

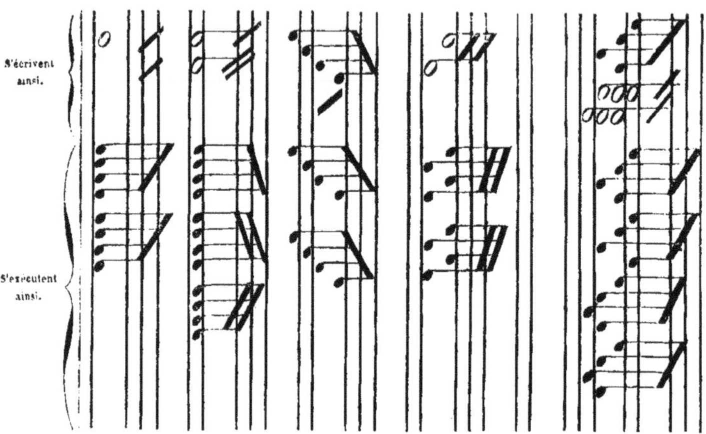

Il y a quelques mots empruntés à l'italien, et qu'on emploie pour indiquer les effets de style que le compositeur veut qu'on observe dans l'exécution de son œuvre. Les plus usités de ces mots sont les suivants ; mais il est bon de prévenir les élèves que le professeur et la pratique peuvent seuls leur faire posséder la connaissance de ces effets :

Adagio.	Allegretto.	Con spirito.
Grave.	Moderato.	Spiritoso.
Largo.	Tempo giusto.	Con brio.
Lento.	Maestoso.	Con fuoco.
Larghetto.	Con comodo.	Presto.
Andantino.	Allegro.	Prestissimo.
Andante.	Vivace.	Dolce.

Il ne nous reste qu'à indiquer quelques règles pour l'étendue de la portée mélographique.

1° Pour le chant, la musique s'écrira sur deux octaves ;

2° Pour le violon, sur trois octaves ;

3° Pour les autres instruments, sur deux ;

4° Pour le piano, sur cinq ou six;

5° En tête de la portée on écrira l'octave correspondante au clavier du piano.

Exemple :

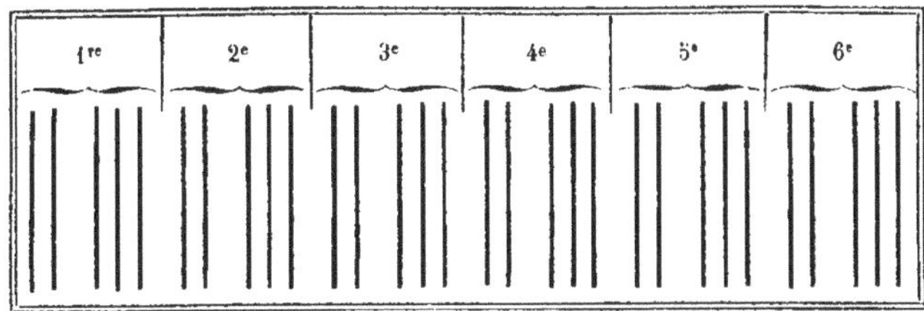

6° S'il y a des notes qui doivent être plus hautes ou plus basses que la portée mélographique, elles seront renfermées dans une accolade; de sorte qu'avec une portée mélographique de cinq octaves, on pourra écrire une étendue de sept octaves, et quant au chant, avec les deux octaves de la portée mélographique on aura une étendue plus que suffisante pour la voix humaine.

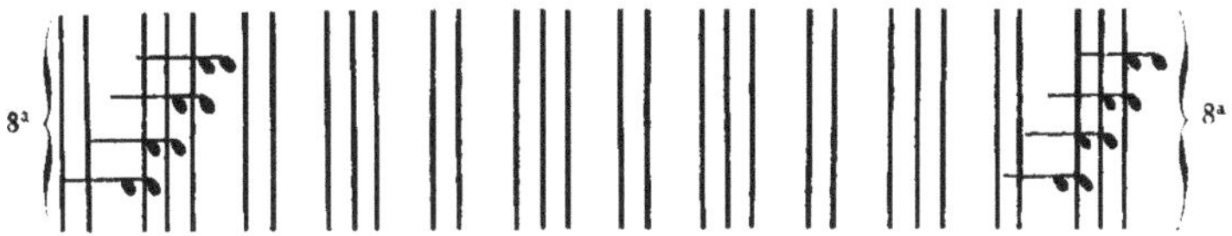

La portée mélographique peut servir non-seulement pour le piano, mais encore pour le chant et pour les partitions les plus compliquées, ainsi que nous le démontrerons dans la *Méthode pratique* qui sera publiée séparément pour compléter cette théorie.

Ce que nous avons dit suffit pour le *Système mélographique relatif*. Le *Système mélographique absolu* consiste à remplacer les notes de la musique par les premières lettres de l'alphabet (excepté le *c*, afin d'éviter qu'on ne le confonde avec l'*e* et le G.)

L'A majuscule aura la valeur de la ronde; le B, de la blanche; le D, de la noire; l'E, de la croche; l'F, de la double croche; le G, de la triple croche, et l'H, de la quadruple croche.

Les petites lettres correspondantes seront affectées aux silences. Ainsi l'*a* aura la valeur de la pause ; le *b*, de la demi-pause ; le *d*, du soupir ; l'*e*, du demi-soupir ; l'*f*, du quart de soupir ; le *g*, du huitième de soupir, et l'*h*, du seizième de soupir.

Des lettres majuscules (A, B, D, E, F, G, H), mais plus petites que les grandes lettres affectées aux notes (A, B, D, E, F, G, H), représenteront les appoggiatures ; un *m*, le mordant ; un *tr*, le trille ; deux *tt*, le triolet ; un *r* suivi d'un chiffre, les abréviations. Par exemple, le signe *r*8 signifiera : Répétez 8 fois.

La portée mélographique, les points, les signes de la liaison, du détaché, sont les mêmes que dans le Système relatif.

Le *crescendo* et le *diminuendo* seront figurés par des flèches dont la longueur indiquera les notes qui doivent être enflées ou diminuées : la direction descendante de la flèche indiquera le *crescendo*, et la direction ascendante, le *diminuendo*.

L'objet de ce système absolu est de faire l'application d'un instrument que j'appelle *Transpositeur*, avec lequel les élèves composeront eux-mêmes ou les leçons dictées par leurs maîtres, ou leurs propres inspirations.

Un autre avantage de ce Système absolu sera d'apporter une très-grande économie dans l'impression de la musique, et de la rendre accessible à toutes les fortunes.

NOTIONS PRÉPARATOIRES

AU TRAITÉ

D'HARMONIE MÉLOGRAPHIQUE.

Nous voyons tous les jours s'augmenter l'enthousiasme pour le piano, cet instrument délicieux qui à lui seul forme un orchestre, et à l'aide duquel un artiste peut émouvoir les cœurs et enivrer de plaisir les oreilles. En effet, le piano nous fait entendre l'harmonie complète des chefs-d'œuvre des maîtres ; et, de plus, l'on peut dire que l'artiste, le vocaliste, trouvent en lui de grands avantages; grâce à lui, la cantatrice surtout recueille la plus grande part de ses triomphes, parce que, s'accompagnant elle-même, elle peut montrer ainsi les grâces de son propre génie, et harmoniser la beauté de sa voix avec la beauté de son accompagnement. dans l'enthousiasme que cette harmonie excite, l'unité est parfaite, et le succès est complet. On a enfin avec le piano un orchestre en petit, sans que l'attention du public soit détournée par les mouvements exagérés du chef d'orchestre, et souvent par les notes fausses de quelque instrument.

Mais, hélas! le piano n'est pas un instrument parfait; et ses ennemis non-seulement l'attaquent pour ses défauts naturels, mais ils le calomnient en lui attribuant même des défauts qu'il n'a pas. On en est venu jusqu'à dire que c'est un instrument faux ; qu'il ne donne pas la gamme diatonique parfaite, que sa gamme chromatique est une véritable monstruosité, et qu'il tend à corrompre le goût et la science musicale. Examinons si ces accusations sont fondées. Et d'abord voyons quels sont ses véritables défauts.

Il est vrai que son intonation est limitée, puisqu'il ne peut commencer une gamme diatonique que par l'un des degrés de la gamme chromatique; mais cet inconvénient (qu'on pourrait du reste éviter) lui est commun avec tous les instruments à sons fixes, et il n'y a, à vrai dire, que la voix humaine qui soit capable de prendre indifféremment son point de départ.

Le piano ne peut lier les sons comme la voix et le violon, et voilà un des véritables défauts de la nature et de la construction de cet instrument : pour produire un son, il faut frapper la corde avec un marteau, et ce coup plus ou moins faible interrompt toujours la véritable liaison des sons.

Mais le piano est-il un instrument faux? produit-il une gamme corrompue ou contre nature? C'est la question qu'on doit examiner et que je vais aborder ci-après.

Je ne chercherai pas ici comment on a découvert la gamme diatonique. La tradition de son origine se perd dans les temps les plus reculés. On a épuisé les conjectures à ce sujet, sans rien apporter de véritablement décisif entre les différents systèmes musicaux.

On est d'accord sur ce point, que la gamme se compose d'une succession nécessaire de notes, parce que la mélodie qu'elle produit plait à l'oreille, et que son inobservance la blesse. Mais, la gamme étant connue d'une manière absolument empirique, y a-t-il d'autre juge que l'oreille pour apprécier la gradation des sons qu'elle renferme? Cette question est la cause des discussions continuelles qui s'élèvent quand il s'agit de donner une exacte définition de l'échelle diatonique.

Les physiciens ont voulu intervenir dans la question; ils ont donné leur règle pour la longueur des cordes qui doivent produire la gamme, et ils ont indiqué différentes longueurs : suivant les uns, une longueur étant donnée pour produire l'*ut*, le *ré* serait produit par les $\frac{8}{9}$, le *mi* par les $\frac{4}{5}$, le *fa* par les $\frac{3}{4}$, le *sol* par les $\frac{2}{3}$, le *la* par les $\frac{3}{5}$, le *si* par les $\frac{7}{8}$; et enfin, ce qui seul est vrai, la $\frac{1}{2}$ de la corde fait entendre l'*ut* à l'octave.

Pour peu que l'observateur ait de sagacité, il se convaincra que cette règle ne donne que des approximations très-défectueuses : avec simplement un compas, on découvre les défauts de cette règle, qui n'a pas la précision constituant les œuvres de la nature, et le doute pour les musiciens et pour les mathématiciens reste le même.

De plus, dans ces recherches, les physiciens ont opéré d'une manière entièrement empirique, et tous leurs calculs se rapportent à différents instruments, comme le sonomètre, le monocorde et autres, dont le juge en dernier ressort est l'oreille; à vrai dire, il n'y a pas jusqu'aujourd'hui un véritable calcul donnant la gamme à priori. Je vais tâcher de remplir cette lacune.

Ainsi donc, la gamme est-elle une loi naturelle, ou bien est-ce l'habitude de l'écouter qui lui a donné le caractère de loi?

Pour éviter les digressions, je reconnais d'abord que la gamme est une émanation de la nature, et que la corrélation de ses sons est également liée avec la conformation de notre oreille. Cette corrélation, si elle est fautive, nous affecte péniblement; et si elle est rigoureusement observée, elle nous fait éprouver une sensation de plaisir.

Ce principe une fois établi, il faut chercher courageusement la cause vraie de ces corrélations, 1° en nous-mêmes, et 2° hors de nous.

1° En nous-mêmes. La raison d'être de la gamme, telle qu'elle existe pour nous, a son origine dans l'intime constitution de notre nature et de notre oreille.

Nous vivons au milieu d'un fluide (l'*harmonium*) qui, par son mouvement perpétuel, produit la composition et la décomposition de tous les corps, et nous fait sentir son influence par tous nos sens; et par conséquent, quand ce mouvement frappe notre oreille, ainsi que nous l'avons dit plus haut, il nous fait entendre les ondulations harmoniques avec des proportions normales; et alors ces proportions nous sont connues par la sensation de plaisir qu'elles produisent en nous. Ces indications suffisent pour le moment; d'ailleurs je les développerai avec plus d'étendue dans l'ouvrage dont j'ai parlé.

2° Pour trouver la cause de la gamme hors de nous-mêmes, il faut résoudre plusieurs problèmes physiques et géométriques. Examinons donc les moyens que nous avons pour réussir.

Si l'on frappe une corde tendue, elle vibre avec des ondulations rapides et produit un son. S'il y a une autre corde tendue de manière à produire l'unisson avec la première, quand celle-ci est frappée, la seconde se met en mouvement sans avoir été ébranlée. S'il y a une autre corde de la même grosseur et de la même tension que la première, mais plus courte de moitié, quand la première est frappée, la troisième est mise spontanément en mouvement, et l'on entend un son plus aigu, mais du même timbre que le premier; ce son plus aigu, on l'appelle l'octave par rapport au son grave. Il est facile de s'assurer que, de moitié en moitié de la longueur des cordes, il se produit des octaves successives : c'est le seul rapport parfait dans la longueur connue des cordes.

La grosseur de la corde est une autre cause qui modifie le son. Ainsi une corde de même longueur et de même tension qu'une autre, mais plus grosse, produit un son plus grave. Examinons la cause de ces phénomènes.

Pour produire un son plus grave ou plus aigu, il faut mettre en mouvement une quantité plus grande ou plus petite du fluide *harmonium*, et par conséquent employer une force proportionnelle au son produit. Il est facile de vérifier qu'il faut employer plus de force pour les sons graves que pour les sons aigus, et, de même, il est facile de trouver que les sons produits par une plus grande force ont une étendue plus grande. Ainsi un coup de canon, qui exige l'emploi de la poudre, se fait entendre quelquefois à plusieurs lieues de distance.

Mais les sons s'irradient de tous côtés, et non pas en longueur, comme dans le sens d'une corde. Nécessairement donc, pour connaître la cause de l'harmonie de la gamme, il faut chercher sa loi dans l'étendue.

Cette loi, d'après laquelle les octaves se produisent de moitié en moitié de la longueur des cordes, se trouve généralement dans tous les phénomènes produits par le fluide *harmonium ;* elle s'observe de la même manière dans notre système solaire, dans lequel les planètes gardent une position semblable de moitié en moitié par rapport au soleil : je développerai la cause de ce phénomène dans l'ouvrage ci-dessus cité. Néanmoins il est nécessaire d'en exposer ici quelques principes, dont le lecteur trouvera la preuve dans ledit ouvrage, mais que nous le prions d'accepter ici comme une simple hypothèse.

Tous les corps sont renfermés dans un élément matériel primitif, divisé en atomes sphériques d'une petitesse impalpable. Tous ces atomes sont inertes et égaux en nature, grandeur et figure. Cet élément constitue le fluide *harmonium*.

Ainsi l'élément primitif est l'origine et le but matériel de tous les corps. Les éléments impondérables ne sont que des modifications du mouvement perpétuel du fluide primitif.

Les éléments chimiques sont seulement des groupes diversement combinés de l'*harmonium*, et formant d'abord différents polyèdres tenus en équilibre par des forces opposées. Les affinités chimiques ont des analogies géométriques dans les différents polyèdres, et la décomposition et la composition chimiques sont des transformations de certains polyèdres en autres polyèdres.

Mais l'élément primitif, créé par Dieu, obéit nécessairement aux lois existantes et préexistantes.

Ces lois se trouvent vérifiées par la géométrie que j'appellerai *physico-harmonique*, et qui révèle la merveilleuse disposition des ouvrages de la création.

C'est donc par le seul moyen de la géométrie harmonique que nous devrons rechercher les mouvements du fluide primitif, lesquels constituent la gradation des sons que nous appelons la *gamme*.

Pour faire une construction géométrique parfaite, il faut établir d'avance un plan convenable. Nous pouvions adopter la forme sphérique, comme plus propre à exprimer la forme des ondes sonores ; mais ce moyen aurait rendu le problème plus difficile, et le développement de sa solution plus obscure. Nous tâcherons de l'expliquer par la figure cubique, qui se prête mieux au calcul.

Nous avons dit qu'une corde tendue, quand elle est frappée, donne un certain son, et que la moitié de la même corde fait entendre l'octave de ce son. Si la longueur de cette corde est prise comme une racine cubique, on voit que :

$$1^3 = 1 \text{ et } 2^3 = 8.$$

Il faut donc trouver des cubes proportionnels entre ces deux termes, et correspondant avec tous les échelons de la gamme.

Pour faciliter notre travail, nous prendrons pour premier terme le nombre 7, et pour second terme son double qui est 14. Ainsi nous aurons :

$$7^3 = 343, \text{ et } 14^3 = 2744.$$

Nous avons pour moyens proportionnels entre ces termes, les nombres 686 et 1372. Ainsi nous avons :

$$\div\div 343 : 686 : 1372 : 2744.$$

On voit ici que, pour la solution du problème proposé, il faut résoudre un autre problème qu'on a cherché pendant des milliers d'annés, c'est-à-dire la duplication géométrique du cube, parce que les cubes de la progression ci-dessus exposée sont les doubles l'un de l'autre, de la manière suivante :

$$\div\div 1 : 2 : 4 : 8.$$

Si entre les nombres obtenus nous cherchons d'autres quantités proportionnelles, nous aurons :

$$\div\div 1 : x : 2 : 2x : 4 : 4x : 8.$$

Ainsi nous aurons sept termes proportionnels contenant six espaces. Tâchons de les remplir convenablement :

$$\div\div 1 : x : y : z : 2 : 2x : 2y : 2z : 4 : 4x : 4y : 4z : 8.$$

Nous aurons ainsi treize moyens proportionnels, renfermant douze espaces qui représentent les cubes également proportionnels des ondes sonores du fluide *harmonium*, lesquelles, mises en mouvement d'oscillation, nous font entendre une série de sons agréables à l'oreille, et qui est vraiment la gamme chromatique la plus simple.

Si nous appliquons les chiffres proposés, comme je le ferai plus loin, on trouvera ces proportions parfaitement d'accord avec la longueur des cordes qui nous donnent la gamme ; mais nous allons avoir une preuve plus forte, par laquelle on verra qu'il est impossible qu'il en soit autrement.

Cette preuve, qui est entièrement géométrique, aura les constructions suivantes :

PREMIÈRE CONSTRUCTION (*Fig.* 1re).

Autour du point C tracez un cercle A, auquel on circonscrira géométriquement les carrés égaux B, B' ; dans ce cercle on inscrira les carrés D, D'. Dans ces carrés on inscrira le cercle E, et dans ce cercle les deux carrés égaux F, F'. Enfin, dans ce carré on inscrira le cercle G.

Ainsi nous avons, pour les cercles, A : E :: E : G, et pour les carrés, B, B' : D, D' :: D, D' : F, F'.

DEUXIÈME CONSTRUCTION.

Du point H tracez les lignes HI et HI', perpendiculaires, la première à ED et la seconde à AF. Des points ainsi obtenus tracez jusqu'au centre du cercle les rayons IC, I'C. De tous les points de la figure égaux à H répétez la même opération ; et du point d'intersection ainsi obtenu par les rayons et les côtés du carré ci-dessus décrit, tracez des lignes formant géométriquement d'autres carrés concentriques au premier : nous obtiendrons les nouveaux carrés G, G'; L, L'; M, M'; N, N'; et nous aurons la progression suivante :

÷÷ B : J : L : D : M : N : F.

TROISIÈME CONSTRUCTION.

Si du point OI' on trace une diagonale au rhombe O P I' Q, il est évident que le point R, où se croisent les deux diagonales, est le milieu proportionnel du rhombe. Du point R ainsi trouvé on tracera un rayon au centre C de la figure. Des autres quinze rhombes égaux au rhombe décrit on tracera des diagonales égales, et du point d'intersection de ces diagonales semblables à R on tracera des rayons au centre C de la figure. Ces rayons coupent proportionnellement les côtés des carrés ci-dessus décrits, et par ces intersections les côtés des nouveaux carrés se trouvent concentriques aux carrés ci-dessus. Les nouveaux carrés ainsi obtenus sont :

SS', TT', UU', VV', YY'. Ainsi nous avons les carrés proportionnels qui composent la figure selon la progression suivante :

÷÷ B : S : J : T : L : U : D : V : M : X : N : Y : F.

La figure ainsi tracée présente de nouveaux points pour la production infinie de nouveaux carrés; mais comme elle nous donne une série complète, nous nous arrêtons ici, parce que de nouvelles séries ne seraient que la répétition de celle-ci.

Il est facile de comprendre que, par un procédé analogue à celui dont nous nous sommes servi pour les rhombes O, P, I', Q, pour trouver le point R, nous pourrons trouver de nouveaux points, reconnus, à la simple inspection de la figure, semblables à R, mais plus rapprochés de P. Nous trouverions ainsi, jusqu'à l'infini, de nouveaux carrés proportionnels à ceux décrits ci-dessus.

De même que nous trouvons des ondes harmoniques par la longueur des cordes de la *fig.* 1re, et que, comme nous l'avons dit, c'est la gamme chromatique la plus simple, on pourrait obtenir d'autres gammes plus compliquées, et probablement les véritables différences des dièses et des bémols des musiciens.

Tous les carrés de cette figure une fois obtenus, on peut les considérer comme les bases d'autant de cubes; et si nous appliquons au calcul les nombres proposés, nous aurons le cube de 14 = 2744 et le cube de 7 = 343. Tâchons de trouver les autres nombres proportionnels entre ceux-ci.

L'analyse de ces chiffres nous démontre que, pour les cubes, il y a quatre nombres proportionnels de moitié en moitié; que pour les carrés il y en seulement trois, et que pour les racines il n'y en a que deux, selon le tableau ci-dessous :

CUBES.	CARRÉS.	RACINES.
2744	196	14
1372		
	98	
686		
343	49	7

Tous les autres nombres sont nécessairement fractionnaires, et l'on en voit une approximation dans le tableau ci-dessous :

CUBES.		CARRÉS.		RACINES.
2744	.....	196	.....	14
2307,164, etc.	.....	174,76, etc.	.....	13,22, etc.
1240,312, etc.	.....	154,80, etc.	.....	12,47, etc.
1631,308, etc.	.....	138,53, etc.	.....	11,77, etc.
1372	.....	123,45, etc.	.....	11,11, etc.
1153,582, etc.	.....	110,04, etc.	.....	10,49, etc.
970,156, etc.	.....	98	.....	9,89, etc.
815,654, etc.	.....	87,23, etc.	.....	9,34, etc.
686	.....	77,79, etc.	.....	8,82, etc.
576,791, etc.	.....	69,22, etc.	.....	8,32, etc.
485,078, etc.	.....	61,77, etc.	.....	7,86, etc.
407,827, etc.	.....	54,90, etc.	.....	7,41, etc.
343	.....	49	.....	7

Comme la plupart de ces nombres sont fractionnaires, et de cette espèce de fractions qu'on appelle incommensurables, l'arithmétique est impuissante à les déterminer rigoureusement. C'est pourquoi j'ai fait une approximation peu détaillée, qu'on peut vérifier par les sens.

Mais l'incommensurabilité n'existe pas pour la géométrie, parce qu'elle nous donne des lignes parfaites, dans la figure ci-dessus décrite. On a la preuve de cette perfection en appliquant une règle convenablement graduée aux côtés des carrés obtenus; on trouve pour chaque côté la longueur exacte, autant que la vue peut l'apprécier, des racines cubiques énoncées dans le tableau ci-dessus.

La figure présente cette propriété acoustique, qu'en fixant l'extrémité d'une corde dans le centre C, nous trouverons que si cette corde est tendue à un point quelconque du périmètre de la figure, et si on la fait vibrer par chacune des intersections qu'elle fait avec les côtés des carrés de cette figure, elle fera entendre la gamme chromatique.

Comme les cubes produits par cette figure peuvent être remplacés par des sphères proportionnelles entre elles, dont une corde tendue serait le rayon (*fig.* 2), il est facile de voir qu'il y a un rapport dans la longueur d'une corde et le son qu'elle produit en mettant en mouvement des ondes sonores sphériques qui commenceraient par des sphères dont le rayon serait cette corde, et vibreraient en mouvements ondulatoires, et en irradiations harmoniques prolongées jusqu'à ce qu'elles cessent d'être perceptibles.

Le simple examen de la figure 1re fera connaître au monde scientifique qu'elle présente un caractère de vérité auquel il serait impossible d'arriver artificiellement, que, par conséquent, c'est une loi de la nature, et je n'ai d'autre mérite que celui de l'avoir découverte. Je confesse mon insuffisance comme homme de science et comme musicien. J'ai voulu humblement trouver la vérité, et le succès a dépassé mes espérances : la loi géométrique ci-dessus décrite non-seulement trouve une application physique pour déterminer acoustiquement la gamme chromatique, mais encore elle donne la solution d'autres problèmes physiques et géométriques que je développerai en temps opportun.

On me demandera pourquoi je donne comme une loi de la nature la gamme chromatique de préférence à la gamme diatonique. Voici mes raisons :

1° Les plus grands phénomènes de la nature s'accomplissent par la division et par la subdivision de l'étendue de moitié en moitié, comme nous l'avons vu plus haut pour notre système solaire. Ces proportions générales se trouvent parfaitement en rapport avec la duplication des cubes, des carrés et de leurs racines, que nous venons de démontrer. Par conséquent, il y a dans le fluide *harmonium* un mouvement normal qui a, si l'on peut ainsi dire, des échelons de moitié en moitié, où les séries harmoniques se répètent proportionnellement. Alors, quand le mouvement produit par un son coïncide avec les échelons naturels de l'*harmonium*, ce son doit être musical et agréable à notre oreille :

2° Mais un son est musical par rapport à un autre son ; et c'est là l'origine de l'harmonie. La gamme chromatique, une fois établie, offre les échelons naturels des sons ; mais, pour les rendre harmonieux, il faut faire choix de sept sons diatoniques parmi les douze sons chromatiques, et l'on trouve une mobilité parfaite de changement dans ces sons diatoniques susceptibles d'être remplacés par les autres sons de la gamme chromatique : c'est la véritable raison de ce qu'on appelle en musique la transposition. Pour arriver à ce résultat on trouvera que la gamme diatonique telle qu'on la connaît est capable de remplir ces conditions ; comme tous les ouvrages de la nature, cette gamme est parfaite par elle-même, et nous puisons en elle les combinaisons mélodieuses.

La gamme chromatique que j'ai trouvée se rapproche beaucoup de celle qu'on appelle *tempérée*. Les musiciens croient qu'il y a une autre gamme chromatique plus parfaite, où les dièses et les bémols occupent des positions différentes. J'ai cherché les lois de ces différences; mais je ne les ai pas encore trouvées; et comme les nombreux grands maîtres de l'art et les diverses écoles musicales mesurent diversement ces différences des dièses et des bémols, je reviens à l'idée qu'elles sont seulement introduites par le style, et pourtant on les doit respecter par la beauté qu'elles peuvent produire dans le chant et dans les instruments à points variables, comme le violon, etc. Mais cela n'empêche pas de reconnaître la gamme géométrique comme fondée sur les lois de la nature; et, en conséquence, le piano accordé géométriquement fera entendre une véritable harmonie dans ses accords.

Tous les auteurs qui se sont occupés de musique ont cherché l'origine de ces mots, *dièses* et *bémols*, et on l'a trouvée par la manière empirique avec laquelle, dans la suite des siècles, se sont formées les gammes.

Ayant trouvé les lois géométriques de ces gammes, nous devons donner à leurs différents sons des mots précis. C'est pourquoi j'appelle les sons diatoniques *sons normaux*, parce qu'avec ces sept sons on a la règle d'un ton mélodieux. Aux cinq autres sons qui complètent la gamme chromatique, j'ai donné le nom de *sons substituts*, parce qu'à l'aide de cette substitution on change à volonté tous les tons.

Ainsi, je crois qu'à l'avenir on devra avoir non-seulement la gamme chromatique renfermant les sons normaux et les sons substituts, mais encore la gamme présentant les différences des dièses et des bémols, pour se prêter au style du compositeur, quand il voudra en faire usage. C'est afin d'arriver à ce résultat que j'ai adopté, pour écrire la musique, la portée mélographique, parce qu'avec elle on peut représenter les sons normaux et les sons substituts; et j'ai inventé des signes pour indiquer les différences des dièses et des bémols des musiciens, sans être en contradiction avec le système général mélographique.

J'ai dit plus haut que la construction géométrique des deux figures ci-dessus décrites non-seulement est vraie, mais encore qu'il n'en saurait être autrement.

Elle est vraie, parce qu'elle a une précision offrant tous les caractères d'une loi de la nature.

Ainsi le lecteur peut vérifier avec un compas un grand nombre d'analogies et de commensurabilités dans ces lignes, dont je ne présente pas en ce moment l'analyse, me réservant de l'exposer dans mon traité d'harmonie.

La construction ne peut être autrement, si elle est vraie, parce que c'est la traduction des lois qui règlent le mouvement des fluides et des liquides. Si, par exemple, dans un entonnoir on introduit un filtre pour laisser écouler de l'eau goutte à goutte, et si l'on fait tomber ces gouttes sur la surface d'un bassin rempli d'eau parfaitement immobile, à chaque goutte il se produira une onde circulaire, et l'ensemble de toutes ces ondes formera une série tout à fait semblable à celle que l'on voit dans la *fig*. 2. Le rapport entre ces ondes est proportionnel à la vitesse de l'écoulement des gouttes.

Eh bien, le fluide *harmonium*, pareillement, reçoit un mouvement ondulatoire par les vibrations des cordes, produites à l'aide d'une force quelconque. Mais, dans ce cas, la corde elle-même est affectée par le mouvement normal de l'*harmonium*. Ainsi, de la longueur de la corde résulte la vitesse des vibrations; de celle-là, la répétition des ondes sonores semblables, et en même temps des ondes harmoniques; enfin, par cela même, tous les phénomènes des vibrations des cordes et les ondes qu'elles produisent.

Les développements et les détails de ces phénomènes trouveront leur place dans le traité d'harmonie musicale que j'espère publier prochainement.

Pour ce qui nous occupe en ce moment, on voit donc que les douze sons de la gamme chromatique que nous donnent les figures ci-dessus décrites peuvent servir de modèle pour l'accord des pianos et de tous les instruments à sons fixes.

Pour cela, j'ai inventé et fait construire un instrument que j'appelle *Géomètrine*, dans lequel la disposition des cordes et des fils en cuivre qui servent à échelonner ses sons se trouve déterminée géométriquement, et produit une gamme donnée par la nature.

Dans la *Géomètrine* on verra que si nous attachons des cordes de même grosseur, et si nous les tendons par des poids de même pesanteur, elle produira la gamme par la seule variété de la longueur des cordes.

La *Géométrine*, en tant qu'instrument parfaitement accordé, peut donner des sons déterminés et justes pour tous les instruments tempérés. Ainsi le piano accordé à l'aide de la *Géométrine* aura toute l'harmonie dont il est susceptible.

En me livrant à tant de recherches pour trouver les moyens de faire les pianos aussi parfaits que possible, j'avais pour but de rendre utile cet instrument pour la Mélographie et pour la composition musicale. J'ai atteint le premier de ces buts en inventant la portée mélographique, qui est une représentation fidèle du clavier; et, comme on l'a vu, cette portée peut servir pour tous les instruments. Mais mon second et principal but était de faciliter la composition musicale en faisant un piano que j'appelle *Mélographe*, et qui, à l'aide d'un simple mécanisme, écrira lui-même les morceaux de musique qu'on exécutera sur son clavier. La portée mélographique une fois adoptée, on la placera sur des bandes de papier sans fin, qui recevront, des touches mêmes du clavier, des impressions dans une échelle réduite; et il est facile de comprendre que les inspirations des artistes seront conservées par l'instrument sur lequel ils les joueront, et qu'ainsi, sans le travail aride de la transcription, les plus merveilleuses improvisations seront fixées sur le papier.

Donner un système d'écriture et de lecture facile;

Établir une gamme naturelle et parfaite;

Et enfin faciliter la composition musicale:

Tel a été mon but. Si je l'ai atteint, je serai heureux d'avoir contribué à répandre le plaisir de la musique, sans qu'on soit obligé de consacrer à son étude une trop grande portion d'un temps précieux et nécessaire à l'acquisition d'autres connaissances plus utiles et plus importantes.

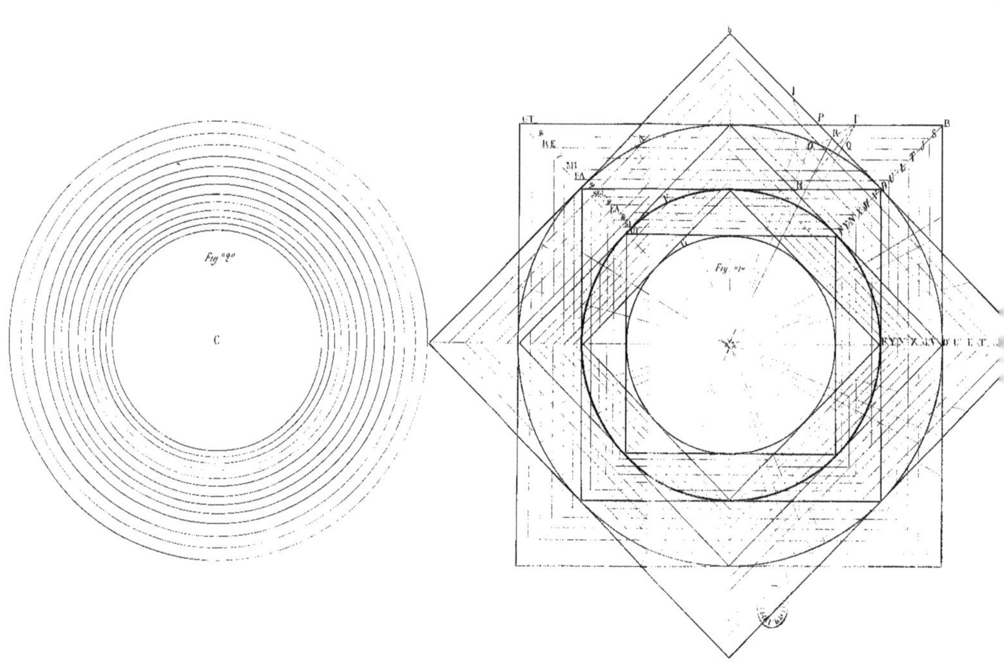

C
RE
MI
FA
SOL
LA
SI
P
R
O
Q
B
S

www.ingramcontent.com/pod-product-compliance
Ingram Content Group UK Ltd.
Pitfield, Milton Keynes, MK11 3LW, UK
UKHW021958260726
13994UKWH00004B/1819

9 782329 364766